VENTE

du Mercredi 30 Décembre 1903

HOTEL DROUOT, SALLE N° 10

A 2 HEURES

Beaux Bijoux

ENRICHIS DE

DIAMANTS, PERLES ET PIERRES DE COULEUR

Argenterie, Objets de Vitrine

PRÉCIEUX GROUPE EN MARBRE DU XVIᵉ SIÈCLE

« La Vierge et l'Enfant »

Sculptures, Porcelaines, Faïences, Bronzes

Tableaux, Dessins, Gravures

MOBILIER DE SALON STYLE CHINOIS

ÉTOFFES

Mᵉ F. LAIR DUBREUIL	M. ARTHUR BLOCHE
COMMISSAIRE-PRISEUR	Expert près la Cour d'Appel
6, rue de Hanovre, 6	51, rue Saint-Georges, 51

EXPOSITION PUBLIQUE

Le MARDI 29 DÉCEMBRE 1903, de 2 heures à 6 heures

PARIS. — IMPRIMERIE C. CHAUFOUR

8-10, Rue Milton, 8-10

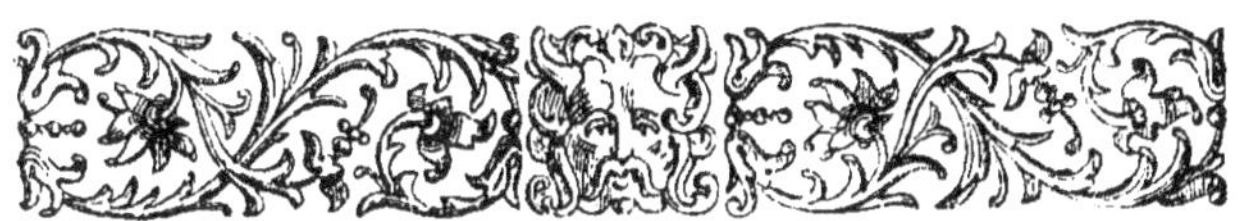

DÉSIGNATION

BIJOUX

ARGENTERIE, OBJETS DE VITRINE

1 — Collier d'un rang de cinquante et une perles fines, fermoir en or et topaze rosée.

2 — Paire de boutons d'oreilles, brillants solitaires, surmontés de petits brillants.

3 — Bague en or montée de deux gros brillants montés à griffes.

4 — Bague en or montée d'un saphir entouré de quatorze brillants et deux brillants sur le corps.

5 — Bague en or chaton d'un saphir entouré de dix brillants.

6 — Broche forme croissant enrichie de dix-neuf brillants.

7 — Deux bracelets fils d'or ornés chacun de deux perles fines.

8 — Broche en or de forme cintrée ornée d'une bande de brillants et d'un chaton enrichi d'un saphir entouré de dix brillants.

9 — Bague trois corps en or ornée de six saphirs entre deux rangs de roses.

10 — Bague en or montée d'un brillant avec roses sur le corps.

11 — Bague en or chaton rectangulaire pavé de brillants.

12 — Bague en or montée d'une perle fine entourée de dix brillants.

13 — Broche forme gerbe de fleurs en roses et perles fines avec mouche en rubis perle et roses.

14 — Broche en or forme papillon pavé de turquoises et de roses.

15 — Broche forme branche de fleurs et de feuillages en rose ornée de cinq perles fines.

16 — Chaine sautoir en or ornée de pierres de couleur.

17 — Grande chaine gourmette en or.

18 — Crochet de montre en or et émail bleu étoilé de roses avec chiffre en roses, surmonté d'une coquille ciselée, spatule en **argent** doré.

19 — Broche en or formée par une épingle à tête de perle fine avec hanneton en grenats et roses.

20 — Trois boutons de chemise en or **montés** chacun d'une perle fine.

21 — Un gros brillant et deux petits brillants sur papier.

22 — Petite bourse, cotte de mailles en or.

23 — Broche forme maillet en or, turquoises et perles.

24 — Montre de dame en or à remontoir, boîtier à rosace guillochée, ornée d'une rose au centre.

25 — Chaîne de gilet en or avec coulants et breloques émaillés, ornés de roses.

26 — Broche formée de rosaces et de palmes en or repercé, ornée de turquoises et de demi-perles.

27 — Deux épingles de cravates en or, montées chacune d'un grenat.

28 — Paire de boutons formés par une perle, entourée de brillants.

29 — Reliquaire formé par un christ en croix entouré de quatorze petites plaquettes formant encadrement représentant la Passion de Jésus Christ. Cadre ancien en bois finement sculpté à jour.

30 — Divinité Indo-Chinoise en métal peint et
doré.

31 — Petite chaise à porteur en argent de style
Louis XV.

32 — Jardinière monture argent de style
Louis XV.

33 — Petite boîte à thé, petit violon et deux
petits vases incrustés en laque d'or.

34 — Petit cabinet incrusté d'or et petite boîte
à compartiments en laque d'or. Travail japonais.

35 — Petite lanterne niellée avec clochettes,
décor japonais.

36 — Vitrine supportée par un éléphant en bois
sculpté. Travail japonais.

37 — Deux petits chevalets en bronze doré.

38 — Porte-bouquets en bronze et brûle-par-
fums en bronze à décor de feuillages.

39 — Plateau en bronze chinois, décoré d'un dragon argenté.

40 — Miniature : Marine.

41 — Miniature : Paysage avec figures et animaux.

42 — Poignard japonais avec fourreau et poignée en ivoire finement sculpté, décor de fleurs et d'oiseaux.

43 — Eventail en laque noir et or, décor à scènes familières, feuille décorée de nombreuses figures à têtes appliquées en ivoire peint. Travail chinois.

44 — Eventail monture en ivoire repercé et incrusté, feuille gouachée à sujet pastoral. Epoque Louis XVI.

45 — Eventail, monture en ivoire sculpté, feuille représentant des scènes d'intérieurs à nombreux personnages et figures appliquées en ivoire peint. Travail chinois.

46 — Trousse en argent ciselé, décor au gui,
composée d'une boîte à poudre, un peigne
un miroir, un crayon et un flacon à sels.

47 — Coupe en cristal, pied en argent représentant Bacchus enfant.

48 — Presse-papier en argent, forme lion accroupi
sur plaquette en jaspe sanguin.

49 — Coupe en porcelaine, bordure gros bleu
garnie de vermeil.

50 — Confiturier en cristal gravé et doré, couvercle et monture en vermeil, style Louis XV.

51 — Paire de porte-bouquets en vermeil, décor
ornementé.

52 — Petite jardinière en argent ciselé, parties
dorées à guirlandes et nœuds de rubans,
style Louis XVI.

53 — Petit encrier en argent repoussé à mas-
carons, godet en cristal gravé.

54 — Baguier en argent repoussé, anses forme
coquilles, intérieur doré.

55 — Petite glace à main double face en argent.

56 — Petite coupe en écaille, bordure en vermeil, style Louis XV.

57 — Bonbonnière en cristal gravé, couvercle en argent représentant une allégorie à la musique.

58 — Porte-cigarettes en argent niellé.

59 — Tabatière en argent gravé, décor aux Japonais.

60 — Clochette suisse en argent.

61 — Cachet en argent, style Louis XV.

62 — Plaquette ronde en argent repoussé, représentant le Triomphe d'Amphitrite.

63 — Cadre à photographie en argent ciselé et repoussé, modèle à rocailles, style Louis XV.

64 — Deux petits peignes de nuque à torsade, en or et trèfle en diamants.

65 — Pomme d'ombrelle forme œuf, en argent doré, formant cassolette.

66 — Bracelet en or avec tête de hibou.

67 — Epingle de cravate en or, forme tortue.

68 — Broche forme carotte en cornaline, monture en or enrichie de diamants.

69 — Bracelet, forme chaîne en or faceté.

70 — Six épingles de bride en or, forme fleurs de lys, ornées de perles fines.

71 — Epingle de cravate en or avec tête de Triboulet en argent finement ciselé.

72 — Petite breloque en or, forme aimant attirant un cœur.

73 — Porte-mine en or, forme carotte.

74 — Châtelaine en cuivre ciselé et doré, époque Louis XV.

OBJETS D'ART

75 — Beau groupe en marbre blanc du XVIe siè-
cle représentant : la Vierge debout tenant
l'Enfant Jésus dans ses bras. Contre-socle en
marbre rouge.

76 — Deux bustes en marbre : le Frère de Louis
Philippe et sa femme, d'après Canova, signés
W. V Hoyer 1844.

77 — Statuette marbre : Faunesse à la source.

78 — Buste en marbre : Risette.

79 — Lustre Empire bronze doré.

80 — Soupière avec plateau et couvercle en ancienne faïence de Moustiers, décor à bouquets
de fleurs en bleu et jaune.

81 — Plat en faïence de Delft décor polychrome.

82 — Plat à barbe en faïence décorée.

83 — Brûle-parfum en satsuma sur socle en bois
noir finement sculpté.

84 — Brûle-parfum en satsuma couvercle ajouré.

85 — Cinq pièces en satsuma : Tabatière, pa-
nier, vases et porte-bouquets.

86 — Deux tasses à thé avec soucoupes et pré-
sentoirs en porcelaine du Japon, décor à per-
sonnage.

87 — Tasse à café et sa soucoupe en porcelaine
du Japon, décor à figures.

88 — Tasse et sa soucoupe en porcelaine décor
à fleurs.

89 — Six petits groupes en ivoire sculpté. Travail japonais.

90 — Sept petites figurines en ivoire sculpté de
même travail.

91 — Groupe de rats musiciens en bois et ivoire

92 — Musicien japonais en bois et ivoire sur socle bois noir incrusté d'or.

93 — Plateau en bois offrant en incrustation deux personnages chinois.

94 — Divinité japonaise en bois finement sculpté.

95 — Jeu de jaquet avec ses jetons.

96 — Grand panneau en céramique, perdrix rouges sous bois.

97 — Assiette en porcelaine décorée de fleurs.

98 — Paire de cornets à cols évasés en porcelaine de Chine fond noir décor à fleurs en polychrome.

TABLEAUX

99 — BONINGTON. Paysage.

100 -- HUGUES (V. L.) Personnages dans un parc.

101 — KUYPER. Fleurs dans un vase.

102 — MARGRY (A.) Ecusson entouré d'une couronne de fleurs.

103 — NAVELET. Camille Desmoulins aux Tuileries.

104 — PASCAL. Entrée de ville arabe avec figures et animaux.

105 — PASCAL. Troupeau de bœufs sur une route. Paysage. Aquarelle.

106 — PASCAL. Femme orientale allant à la fontaine. Aquarelle.

107 — PASCAL. Chameau mort dans le désert. Aquarelle.

108 — PASCAL. Paysage au bord de la mer avec figures de pêcheurs. Aquarelle.

109 — REMBRANDT (Ecole de). Portrait d'homme.

110 — ROMAKO. Fillette.

111 — ROSALBIN. Nymphes lutinées par les amours.

112 — ROSALBIN. Nymphes et amour sous bois.

113 — ROSALBIN. Trois Nymphes sous bois au bord d'une source.

114 — SOMERO (Louis.) Scène Villageoise.

115 — TAVERNIER (J.) Atelier du peintre.

116 — THORIN. Aux bords de la Mer.

117 — VIGÉE LEBRUN (Attribué à Mme.) Portrait de Mme de Lamballe. Cadre sculpté et doré.

118 — VINCI (Ecole de LEONARD de.) Portrait de la Vierge.

119 — VISCONTI (A.) Bouquet de fleurs dans un vase.

120 — ECOLE ESPAGNOLE. Saint debout les mains jointes devant le Christ. Cadre ancien sculpté et doré.

121 — ECOLE ITALIENNE. Sainte Madeleine. Cadre sculpté et doré.

122 — ECOLE ITALIENNE. Portrait d'Evêque. Cadre sculpté ét doré.

123 — ECOLE ITALIENNE. Le Repos de la Sainte Famille.

124 — ECOLE MODERNE. Fleurs et fruits.

125 — Deux dessus de portes. Sujets d'après BOLDINI.

126 — Deux dessus de portes de forme ovale à sujets d'après BOUCHER.

127 — Deux dessus de portes, forme ovale à sujets d'après EISEN.

128 — Quatre dessus de portes à sujets d'après BOUCHER.

129 — Paravent à trois feuilles peintes de sujets d'après WATTEAU.

130 — Gravure ancienne : Dans la grange.

MEUBLES

131 — Meuble de salon en bois sculpté de style chinois couvert en satin rouge décoré de broderies japonaises ; composé de : un canapé, deux fauteuils, deux chaises.

132 — Cinq chaises en bois sculpté de style chinois, sièges couverts en satin de différentes nuances décoré de broderies japonaises.

133 — Table étagère en bois sculpté de style chinois.

134 — Robe de mandarin en satin rouge brodé à fleurs et feuillages.

135 — Peau de Loup.

136 — Objets omis.